Dieses Buch gehört

_____

Der klitzekleine Hase
und seine Freunde

Text
Gerda Wagener

Illustration
Marie-José Sacré

2. Auflage 2022
Neu bearbeitete Auflage nach der Originalfassung von 1990
© Bohem Press AG, 8910 Affoltern am Albis, Schweiz
ISBN: 978-3-85581-207-3

Alle Rechte vorbehalten, auch auszugsweise.

www.bohem.ch

Gedruckt auf Papier
aus verantwortungsvollen Quellen
in Europa.

Weitere Titel von
GERDA WAGENER,
erschienen bei Bohem Press:

Wölfchen • ISBN 978-3-85581-566-1

Der klitzekleine Hase
und seine Freunde

Eine Geschichte von Gerda Wagener
mit Illustrationen von Marie-José Sacré

„Wer einen Freund hat, der hat es gut", sagte der klitzekleine Hase zu sich selbst, „denn zu zweit geht alles besser!"
Und dann schloss er sein Haus ab und machte sich auf den Weg zu den anderen Hasen, um einen Freund zu suchen.
Aber das war nicht so einfach.

„Pah", sagte der dicke Stanislaus,
„du willst mein Freund werden?
Dass ich nicht lache! Dazu bist du doch
viel zu klein, klitzekleiner Hase!
Komm wieder, wenn du gewachsen bist!"
Und dann lachte er und lachte und
hielt sich den dicken Wackelbauch.

„Freund?", mümmelte der hurtige Paul und sprang dabei
eifrig in seiner Werkstatt umher. „Dafür habe ich keine Zeit.
Ich bin zu sehr beschäftigt, weißt du?" Er malte, kleckste,
pinselte und klebte an zehn Ostereiern gleichzeitig herum.
„Bis Ostern ist doch noch viel Zeit", sagte der klitzekleine Hase.
Aber der hurtige Paul hörte gar nicht mehr hin.

Da wurde der klitzekleine Hase sehr, sehr traurig.
Und weil er nun einmal auf dem Weg war,
ging er einfach immer geradeaus weiter.
Viele Tage lang ging er, ohne zu wissen, wohin.
Eines Tages kam er zu einem Regenbogen.

Der klitzekleine Hase staunte.
Noch nie hatte er etwas so Buntes
und Schillerndes gesehen.

„Du bist weit gelaufen, klitzekleiner Hase",
sagte der Regenbogen.
„Komm ein wenig zu mir und ruh dich aus!"

Da legte sich der klitzekleine Hase mitten in
das Rot-Gelb-Grün-Blau-Violett und freute sich,
dass er den Regenbogen getroffen hatte.
Er erzählte ihm, warum er unterwegs war,
und der Regenbogen hörte zu.
Lange Zeit verbrachten sie so miteinander.
Und als sie sich voneinander verabschiedeten,
da waren sie Freunde geworden.

„Weil du mein Freund geworden bist,
ist Freundschaft von jetzt an etwas bunt
Schillerndes", sagte der klitzekleine Hase.
Und der Regenbogen schenkte ihm zur
Erinnerung einen Topf Regenbogenfarbe.

Der klitzekleine Hase ging weiter und weiter, und endlich kam er zur Sonne.

„Du bist weit gelaufen, klitzekleiner Hase", sagte die Sonne.
„Komm ein wenig zu mir und ruh dich aus."

Da legte sich der klitzekleine Hase mitten in das Gold der Sonne, und die Sonne wärmte ihn. Lange Zeit blieben sie so beieinander.
Und als sie Abschied nahmen, da waren sie Freund und Freundin geworden.

„Jetzt weiß ich, dass Freundschaft etwas Wärmendes ist", sagte der klitzekleine Hase. Und die Sonne schenkte ihm zur Erinnerung einen Topf Sonnengold.

Der klitzekleine Hase ging weiter und weiter, und schließlich kam er zum Mond.

„Du bist weit gelaufen, klitzekleiner Hase", sagte der Mond.
„Komm ein wenig zu mir und ruh dich aus."

Da legte sich der klitzekleine Hase mitten in das sanfte Silberlicht des Mondes und schlief ein.
Der Mond beschützte seinen Schlaf.
Und als der klitzekleine Hase aufwachte, da waren sie Freunde geworden.

„Weil du mein Freund geworden bist, ist Freundschaft von nun an etwas Sanftes und Zärtliches", sagte der klitzekleine Hase und verabschiedete sich vom Mond.
Und der Mond schenkte ihm zur Erinnerung einen Topf Mondsilber.

Der klitzekleine Hase ging weiter und weiter,
und irgendwann war er wieder zu Hause.

Er schloss seine Werkstatt auf, und weil es langsam Zeit dafür wurde, begann er, Ostereier zu bemalen.

Er malte mit Regenbogenfarbe, Sonnengold und Mondsilber. Und er erinnerte sich an die bunte Lebendigkeit des Regenbogens, an das wärmende Gold der Sonne und an das sanfte Silber des Mondes.

Der klitzekleine Hase war sehr glücklich.
Noch nie waren seine Ostereier so gut gelungen
wie in diesem Jahr. Sie glänzten wie der Regenbogen,
strahlten wie die Sonne und glitzerten wie der Mond.

Und denen, die sie am Ostermorgen fanden,
erzählten sie davon, wie gut es ist, Freunde zu haben.